Reise ins Kinderland

3D-Fensterbilder aus Tonkarton

Anja Ritterhoff

Weitere Informationen zur Autorin finden Sie im Internet unter www. ritterhoff.de

Fotos: frechverlag GmbH + Co. Druck KG, 70499 Stuttgart; Fotostudio Ullrich & Co., Renningen

Dieses Buch enthält: 4 Vorlagenbogen

Auflage: 5. 4. 3. 2. 1. | Letzte Zahlen maßgebend
Jahr: 2005 2004 2003 2002 2001

frechverlag GmbH + Co. Druck KG, 70499 Stuttgart

ISBN 3-7724-2837-1 · Best.-Nr. 2837

Druck: frechverlag GmbH + Co. Druck KG, 70499 Stuttgart

3D-Effekte sind beliebt

und machen auch aus Fensterbildern erstaunlich plastische Kunstwerke.
Einfach mehrere Motivteile mit Abstandsband übereinander kleben und schon entsteht eine tolle Tiefenwirkung.
In diesem Buch zeige ich Ihnen die ersten Fensterbilder in dieser Technik. Ob eine lustige Kuh für die Küche, eine maritime Szene fürs Badezimmer oder eine niedliche Maus fürs Kinderzimmer und vieles mehr: Diese bunten Motive entführen Sie in eine fröhliche Welt und verbreiten gute Laune.

Viel Freude beim Basteln wünscht
Ihnen Ihre

Anja Ritterhoff

Das wird benötigt

- Tonkarton
- Transparentpapier
- Dünner Karton (für Schablonen)
- Bleistift
- Klebstoff
- Abstandsband
- Schere
- Cutter mit Schneideunterlage
- Filzstift in Schwarz, Hellblau, Rot
- Buntstift in Orange, Grau
- Lackstift in Weiß
- Fun Liner in Weiß
- Bürolocher
- Motivlocher

Genaue Angaben finden Sie in den Materiallisten zu den einzelnen Motiven. Sie gelten für einseitig gearbeitete Motive.

So entsteht ein 3D-Fensterbild

1 Legen Sie Transparentpapier auf das gewünschte Motiv auf dem Vorlagenbogen. Nun übertragen Sie mit Bleistift alle Motivteile ohne Überschneidungen.

2 Kleben Sie das Transparentpapier auf dünne Pappe und schneiden Sie alle Teile einmal aus.

3 Diese Schablonen legen Sie auf das gewünschte Material und umfahren sie mit einem Bleistift. Nun schneiden Sie alle Motivteile in der benötigten Anzahl (siehe Vorlagenbogen) aus.

4 Fügen Sie das Fensterbild zunächst zusammen. Orientieren Sie sich dazu an der Abbildung und dem Vorlagenbogen. Dann wird das Fensterbild bemalt. Lichtpunkte werden mit weißem Lackstift aufgemalt. Wangen können Sie entweder mit einem Bürolocher aus orangefarbenem Tonkarton ausstanzen oder mit Buntstift aufmalen.

5 Anschließend bringen Sie die restlichen Motivteile, die für die dreidimensionale Wirkung sorgen, an. Auf dem Vorlagenbogen sind sie grün eingezeichnet. Sie werden deckungsgleich, versetzt oder einfach angebracht. Orientieren Sie sich hierzu an der Abbildung und dem Vorlagenbogen.
Ziehen Sie dazu das Abstandsband von der Rolle und schneiden Sie es entsprechend des anzubringenden Motivteils zu. Ziehen Sie die Folie auf einer

Seite ab und kleben Sie das Abstandsband auf die Rückseite des Motivteils. Jetzt ziehen Sie die zweite Folie ab und kleben das Teil auf das Fensterbild. Statt Abstandsband können Sie auch Klebepads oder Silikonkleber verwenden. Auf der Skizze rechts und der Abbildung auf Seite 2 können Sie gut erkennen, wie 3D-Effekte erzielt werden.

Das Aufmalen der Augen

1. Die Augen werden mit einer ovalen Schablone auf weißen Tonkarton gezeichnet.

2. In das Auge werden nun mit einem schwarzen Stift ein kleines und ein großes Oval gemalt.

3. Füllen Sie die Innenfläche der beiden Ovale mit Schwarz und lassen Sie dabei den Lichtpunkt weiß.

4. Mit einem farbigen Filzstift oder Buntstift malen Sie nun um die Pupille einen Kreis.

Jetzt können Sie das Auge ausschneiden und aufkleben.

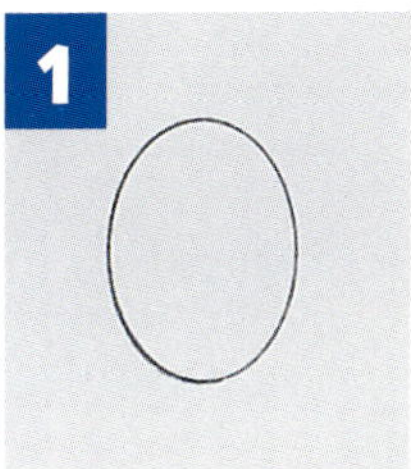

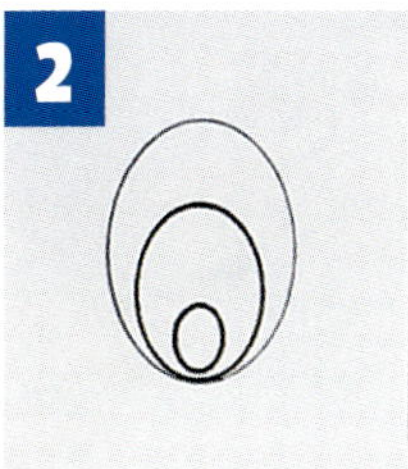

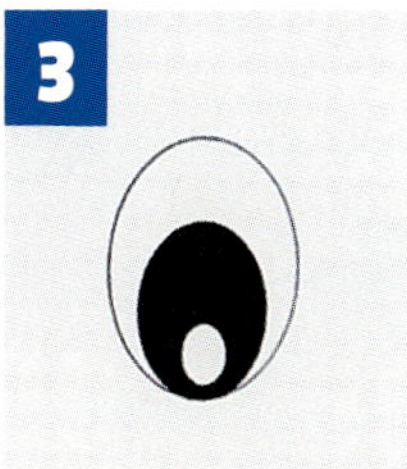

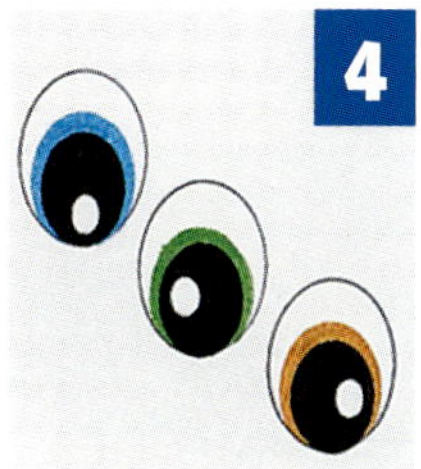

Hallo, wer bist du denn?

Zuerst setzen Sie den Pilz zusammen. Kleben Sie das beige Pilzteil hinter den roten Hut, darauf wird der Stiel angebracht. Setzen Sie einen zweiten roten Hut mit Abstandsband auf und kleben Sie die weißen Punkte auf. Bemalen Sie den Wurm, fixieren Sie ihn hinter dem Pilz und kleben Sie diesen auf die Wiese. Kleben Sie die Ovale mit Abstandsband auf das orangefarbene Schneckenhaus. Dahinter wird der Körper fixiert. Gestalten Sie die Gesichter und übertragen Sie die Bemalung. Zum Schluss werden die hellgrünen Wiesenteile mit Abstandsband aufgeklebt.

Motivgröße

ca. 26 cm x 26 cm

Material

- Tonkarton in A4: rot, dunkelgrün
- Tonkarton in A5: weiß, hellgrün
- Tonkartonreste: beige, gelb, orange, lila, hellblau
- Filzstift in Hellblau und Schwarz
- Lackstift in Weiß
- Abstandsband

Vorlagenbogen 1A

Die kleine Kuh Berta

Die Kuh erhält ihre Hufe und wird auf die Wolke gesetzt. Fixieren Sie dann den Kopf, umranden Sie ihn mit schwarzem Filzstift und bringen Sie die Hörner dreimal und die Schnauze zweimal an. Malen Sie Augen, Nasenlöcher und Mund direkt auf das Gesicht. Dann werden die dreilagigen Kuhflecken und Wolken angebracht. Spannen Sie die Paketschnur (53 cm) von Hufe zu Hufe und fixieren Sie sie auf deren Hinterseite.Kanne, Becher und Milchflasche werden zusammengesetzt, an je 26 cm Schnur geklebt und an die gespannte Schnur geknotet.

Motivgröße

ca. 45 cm x 24 cm

Material

- Tonkarton in A3: hellblau, weiß (2 x)
- Tonkarton in A4: schwarz, blau/weiß gepunktet
- Tonkarton in A5: rosa, beige, grau, blau
- Filzstift in Schwarz, Hellblau, Rot
- Buntstift in Grau
- Paketschnur, ca. 130 cm lang
- Abstandsband

Vorlagenbogen 1A

Milch

Besuch auf dem Mond

Bringen Sie die Augen und die Wange auf dem Mond an und malen Sie den Mund auf. Dann wird die restliche Bemalung übertragen. Stanzen Sie die Sterne aus und kleben Sie sie gemäß der Abbildung übereinander. Die kleine Ente wird zusammengesetzt und bemalt, wobei Sie das Auge direkt auf das Gesicht malen. Ihr dreiteiliger Flügel wird versetzt aufeinander geklebt. Dann wird die kleine Ente auf den Mond gesetzt.

Motivgröße

ca. 21 cm x 24 cm

Material

- Tonkarton in A4: gelb
- Tonkarton in A5: weiß
- Tonkartonreste: hell- und dunkelblau, orange, dunkelgelb
- Rest Hologrammpapier: silber
- Filzstift in Schwarz, Hellblau
- Lackstift in Weiß
- Motivlocher: kleiner und großer Stern
- Abstandsband

Vorlagenbogen 1B

Motivgröße

ca. 40 cm x 38 cm

Material

- Tonkarton in A3: blau, gelb
- Tonkarton in A4: hellblau, weiß, grau, beige
- Tonkarton in A5: pink, flieder
- Tonkartonreste: lavendel, schwarz, hellgrün, lila, rosa, hellbraun, orange, mittelblau
- Regenbogen-Tonkarton in A4
- Feine Wellpappe in A4: braun
- Buntstift in Grau, Orange, Rot
- Filzstift in Hellblau und Schwarz
- Fun Liner in Weiß
- Abstandsband

Vorlagenbogen 2B

Arche Noah

(Abbildung und Materialliste Seite 12/13)

Kleben Sie das Boot mit drei plastischen Bullaugen und einem hellbraunen Rand auf die dunkelblaue Welle. Dann wird die hellblaue Welle ergänzt. Setzen Sie den Delfin und die Schildkröte zusammen, bemalen Sie sie und arrangieren Sie sie zusammen mit den zweiteiligen, bemalten Fischen auf dem Meer. Auf die Löwenmähne kleben Sie zweimal das Gesicht und kleben sie dann auf den Körper.

Die Ohren des Elefanten werden hinter den Kopf geklebt, von vorne ergänzen Sie die weißen Innenohren. Fixieren Sie den Kopf von vorne und das hintere Bein von hinten auf dem Körper.
Die Giraffe wird mit dreidimensionalen Flecken geschmückt. Die Mähne wird von hinten fixiert und die schwarzen Hörner werden zweimal angebracht.
Dann bekommen alle Tiere ein niedliches Gesicht. Kleben Sie sie hinter den Bootsrand und ergänzen Sie dann alle dreidimensionalen Pfoten und den Elefantenrüssel. Alle Tiere werden dann bemalt.
Das lila Haus erhält ein Dach und wird hinter den Tieren angebracht. Fügen Sie die schwarzen Ecken hinzu, kleben Sie oben an das Dach den Regenbogen und die Sonne.
Alle dreiteiligen Wolken werden mit Fun Liner verziert. Orientieren Sie sich dazu an den Herstellerhinweisen. Eine Wolke wird auf das Dach gesetzt, die anderen Wolken werden um die Arche herum arrangiert.

Heute gibt es Musik!

Kleben Sie die Mütze einmal von hinten an den Kopf, die anderen beiden werden von vorne mit Abstandsband ergänzt. Bringen Sie die Haare an und gestalten Sie das Gesicht. Der Mantel bekommt einen Kragen und Ärmelränder.
Die Beine werden von hinten an den Mantel geklebt, hinter ihnen fixieren Sie den schwarzen Rand. Ergänzen Sie Schuhe und bemalte Knöpfe.
Für die Ziehharmonika falten Sie den Tonkarton im Abstand von zwei Zentimetern und malen die Tasten auf. Kleben Sie die Hände auf die Ärmel, geben Sie die Ziehharmonika in sie und kleben Sie dann nochmals zwei Hände pro Seite mit Abstandsband auf. Die oberen Hände werden bemalt. Binden Sie aus dem Satinband zwei Schleifen und bringen Sie diese auf den Schuhen an.

Motivgröße

ca. 31 cm x 38 cm

Material

- Tonkarton in A3: rot, gelb
- Tonkarton in A4: schwarz, haut, blau mit bunten Punkten
- Tonkarton in A5: weiß
- Tonkartonreste: orange, grün, blau
- Satinband in Weiß, 0,5 cm breit, 2 x 25 cm lang
- Filzstift in Hellblau, Rot und Schwarz
- Lackstift in Weiß
- Abstandsband

Vorlagenbogen 2A

Schiff ahoi!

(Anleitung Seite 18)

Motivgröße
ca. 40 cm x 32 cm

Material

- Tonkarton in A3: blau, weiß
- Tonkarton in A5: rot
- Tonkartonreste: gelb, grün, grau, hell- und mittelblau, schwarz, hellbraun, Sand-Motiv
- Rest Wellpappe: blau
- Filzstift in Hellblau und Schwarz
- Lackstift in Weiß
- Abstandsband

Vorlagenbogen 1B

Schiff ahoi!

(Abbildung und Materialliste auf Seite 16/17)

Kleben Sie die Tür, das große Fenster und die roten Streifen auf den Leuchtturm. Die runden Fenster werden übereinander geklebt. Bringen Sie das gelbe Licht und die blaue Wellpappe an, kleben Sie das Dach dreimal übereinander und befestigen Sie es am Leuchtturm.
Kleben Sie die Masten auf die Schiffe, dann werden die zweiteiligen Segel, die Fahnen und ihre Befestigungen sowie die Bullaugen ergänzt.
Dann können Sie die Schiffe bemalen. Platzieren Sie den Leuchtturm und ein Schiff hinter der großen Welle. Arrangieren Sie das zweite Schiff und kleben Sie es versetzt hinter zwei Wellen. Die zusammengefügten und bemalten Seehunde setzen Sie auf die Sandbank und kleben diese auf die Welle. Die großen Wolken werden zweimal ausgeschnitten und versetzt übereinander geklebt, darauf bringen Sie die kleinen Wolken an. Möwen und Wolken werden um das Motiv herum arrangiert.

Herzmäuschen

Kleben Sie Haare, Nase, Wangenpunkte und die bemalten Augen auf den Kopf. Die Schleife fixieren Sie auf dem Körper, dann bringen Sie den Kopf an. Kleben Sie Hände und Füße hinter den Körper und bringen Sie die Herzen an. In die linke Hand bekommt die Maus das zusammengefügte, plastische Herz. Dann können Sie die Bemalung übertragen.

Motivgröße

ca. 36 cm x 30 cm

Material

- Tonkarton in A4: blau, grau
- Tonkarton in A5: rot, grün
- Tonkartonreste: gelb, weiß, orange, hellblau, schwarz
- Motivlocher: kleines und großes Herz
- Filzstift in Schwarz und Hellblau
- Lackstift in Weiß
- Abstandsband

Vorlagenbogen 4A

Heute ist Badetag!

Der Hund erhält Nase, Auge, Wangenpunkt und sein Ohr. Kleben Sie den Schnabel, das Auge und den Flügel auf die Ente. Die Wanne bekommt zwei Füße und einen grünen Rand. Jetzt setzen Sie den Hund in die Wanne und arrangieren die großen Schaumwolken um ihn. Dann wird die Ente angebracht.
Um das Zusammenkleben zu erleichtern sind die kleinen Schaumwolken auf dem Vorlagenbogen mit Nummern versehen. Bringen Sie den Arm des Hundes an, dann können die kleinen Schaumwolken ergänzt werden.

Motivgröße

ca. 29 x 31 cm

Material

- Tonkarton in A3: weiß
- Tonkarton in A4: grün, dunkelblau, hellbraun
- Tonkarton in A5: braun
- Tonkartonreste: hellblau, schwarz, gelb, rot, orange
- Filzstift in Schwarz und Hellblau
- Lackstift in Weiß
- Abstandsband

Vorlagenbogen 4B

Schmetterling

Kleben Sie den Körper und den gestalteten Kopf zusammen. Auf die grünen Flügel kleben Sie die bunten Elemente und kleben sie zusammen mit dem gelben Flügel hinter den Körper. Die Punkte und das zweite orangefarbene Teil werden dann fixiert.

Motivgröße
ca. 17 cm x 24 cm

Material
- Tonkarton in A5: hellgrün
- Tonkartonreste: gelb, orange, hellblau, lila, rosa, weiß, rot
- Filzstift in Schwarz, Hellblau und Rot
- Buntstift in Orange
- Lackstift in Weiß
- Abstandsband

Vorlagenbogen 2A

Der Katzenzauberer

(Abbildung Seite 24/25)

Bemalen Sie beide Schnauzenteile sowie die Augen und kleben Sie sie auf den Kopf der Katze. Von hinten wird der Hut ergänzt. Versehen Sie den Mantel mit einem Kragen und fixieren Sie von hinten die Brust. Die rechte Hand wird aufgeklebt, dann wird der Ärmelrand ergänzt. Bei der linken Hand bringen Sie zweimal den Ärmelrand mit Abstandsband an, dann kleben Sie die Hand und nochmals einen Ärmelrand an. In diese Hand kleben Sie den Zylinder zusammen mit einem Gespenst. Dann wird der Rand ergänzt. Bringen Sie die Tasche und einen Rand an, kleben Sie die Maus und dann die beiden weiteren Ränder auf. Anschließend können die Schuhe angebracht werden. Kleben Sie die kleinen Sterne mit Abstandsband auf und bemalen Sie dann alle Gespenster. Ihre Nasen werden mit Abstandsband aufgeklebt. Arrangieren Sie sie um den Zauberer herum.

Motivgröße
ca. 20 cm x 38 cm

Material
- Tonkarton in A4: dunkel- und hellblau, grau
- Tonkarton in A5: rot, weiß
- Tonkartonreste: grün, gelb, mittelblau
- Buntstift in Grau und Rot
- Filzstift in Schwarz und Hellblau
- Lackstift in Weiß
- Abstandsband
- Motivlocher: kleiner Stern

Vorlagenbogen 3B

Der Katzenzauberer

(Anleitung Seite 22)

Kleine Gänsefamilie

(Abbildung Seite 26/27)

Kleben Sie die Schnäbel an die Gänse, dann werden die Flügel angebracht. Kleben Sie die Beine von hinten an, malen Sie die Augen und die restliche Bemalung auf. Die Bänder werden zu Schleifen gebunden, mit Perlen versehen, verknotet und auf die Hälse geklebt. Der Tonkarton mit Blumen ist auf der Rückseite mit größeren Margeriten bedruckt. Für eine Blume schneiden Sie eine große und eine kleine Blüte aus, fügen sie mit Abstandsband zusammen und kleben sie dann auf die Wiese.

Motivgröße

ca. 50 cm x 38 cm

Material

- Tonkarton in A3: weiß (2 x), Blumen-Motiv, Feder-Motiv
- Tonkartonreste: gelb, orange, hellblau
- Satinband, 0,5 cm breit, je 35 cm lang, in Gelb, Rot, Blau
- Je 2 Holzperlen, 1 cm ø: weiß, rot, blau
- Filzstift in Schwarz und Hellblau
- Lackstift in Weiß
- Abstandsband

Vorlagenbogen 3A

Kleine Gänsefamilie

(Anleitung und Masterialliste Seite 25)

Das Sandmännchen ist da!

Hinter die Jacke kleben Sie die Hose und den Stiefel, auf die Jacke die rechte Hand, alle Ärmelbesätze sowie den Kragen. Das Gesicht wird gestaltet und hinter den zweiteiligen Bart geklebt. Setzen Sie die Mütze auf den Kopf und bringen Sie den Mützenrand und den Bommel doppelt an. Kleben Sie den Sand einmal auf die rote Jacke und einmal hinter den Sack. Den Sack mit dem Sand kleben Sie mit Abstandsband auf das Motiv und ergänzen dann die linke Hand. Auf dem Flicken werden das gelbe und blaue Flickenteil mit Abstandsband befestigt. Setzen Sie das Sandmännchen auf die Wolke. Die großen, weißen Wolken werden doppelt gearbeitet, mit Abstandsband übereinander geklebt und auf die blaue Wolke geklebt. Die ausgestanzten Sterne kleben Sie ebenfalls übereinander und dann auf die blaue Wolke. Fünf Sterne ziehen Sie auf Nähgarn und hängen diesen unten an die Wolke. Dann werden die Lichtpunkte ergänzt.

Motivgröße

ca. 39 cm x 27 cm

Material

- Tonkarton in A3: blau
- Tonkarton in A4: weiß
- Tonkarton in A5: rot, grün, dunkelblau
- Tonkartonreste: Sand-Motiv, braun, gelb, haut, schwarz
- Rest Hologrammpapier: gold
- Motivlocher: kleiner Stern
- Filzstift in Hellblau und Schwarz
- Buntstift in Orange
- Lackstift in Weiß
- Nadel und Nähgarn in Weiß
- Abstandsband

Vorlagenbogen 4A

Kleiner Kochbär

Kleben Sie die Ovale auf die Mütze und fixieren Sie sie dann hinter dem Kopf. Das Gesicht wird gestaltet und der Kopf auf den Körper geklebt. Bringen Sie die Hose an, darauf kleben Sie die dreiteiligen Füße mit Zehen und Fußsohlen. Setzen Sie die grüne Paprika zusammen und kleben Sie sie auf die Hose. Platzieren Sie die Pfoten. Dann kann die Schleife angebracht werden. Die restlichen Paprika werden ebenfalls zusammengesetzt, auf Bindfaden gezogen und unter den Bär gehängt. Übertragen Sie zum Schluss die restliche Bemalung.

Motivgröße
ca. 24 cm x 37 cm

Material
- Tonkarton in A3: hellbraun
- Tonkarton in A4: weiß
- Tonkarton in A5: gelb, rot, grün, beige, Karo blau und rot
- Tonkartonreste: orange, schwarz
- Filzstift in Hellblau, Rot und Schwarz
- Buntstift in Orange und Hellbraun
- Lackstift in Weiß
- Nadel und Nähgarn in Weiß
- Abstandsband

Vorlagenbogen 3B

Die Weihnachtstanne

(Abbildung Seite 32)

Zuerst schneiden Sie den Tannenbaum aus. Kleben Sie die Sterne übereinander und arrangieren Sie sie auf dem Baum. Die kleinen Herzen werden mit dem Motivlocher ausgestanzt und auf die Herzen aus Holz geklebt. Diese bringen Sie auf der Tanne an.

Motivgröße
ca. 26 cm x 33 cm

Material
- Tonkarton in A3: grün
- Tonkarton in A5: gelb
- Tonkartonrest: rot
- Rest Hologrammpapier: silber
- Holzteilchen: blaue Herzen
- Motivlocher: kleines Herz
- Abstandsband

Vorlagenbogen 4B

Die Weihnachtstanne

(Anleitung und Materialliste Seite 30)